SUSANN NOCENT
Mein HCG Rezepte
Rezepte
Auch auf YouTube
TRIBUSVERLAG

Impressum:
Bibliografische Information der Deutschen Nationalbibliothek
Die Deutsche Nationalbibliothek verzeichnet diese Publikation in der Deutschen Nationalbibliografie; detaillierte bibliografische Daten sind im Internet über http://dnb.d-nb.de abrufbar.
Veröffentlicht im Tribus Buch & Kunstverlag GbR
Mai 2021

Lektorat: Lisa Gausmann
Druck: epubli, ein Service der neopubli GmbH, Berlin
Coverdesign: Verena Ebner
Layout: Verena Ebner

Tribus Buch & Kunstverlag GbR
Mittelheide 23
49124 Georgsmarienhütte
Deutschland
www.tribusverlag.com

MEIN HCG REZEPTE BÜCHLEIN

Hallo Stoffelchen und alle, die es noch werden wollen, hier kommt nun das ersehnte Rezeptebüchlein zu meinem YouTube-Kanal. Für alle, die mich noch nicht soooo gut kennen: Ich habe 2016/2017 die Stoffwechselkur durchgeführt und in 26 Wochen 26 Kilo abgenommen. In dieser Zeit bekam ich immer mehr Spaß am Kochen und entschloss mich dazu, meine „Kochkünste" als Video aufzunehmen und bei YouTube hochzuladen. Ich wollte so gerne den vielen Menschen Mut machen und zeigen, dass die tollen Rezept wirklich einfach zuzubereiten sind, denn eine super Köchin bin ich eben auch nicht. Es wurde dann etwas ruhiger um mich und ich habe leider auch wieder zugenommen. Warum und wieso es mir nicht noch einmal passiert, steht auf einem anderen Blatt Papier. ☺ Nee Quatsch, steht in meinem Buch „Mein JoJo Leben im Diätenwahn".

Im August 2020, genauer gesagt, exakt am 24.08.2020, habe ich mich dazu entschlossen, wieder mit der Stoffwechselkur zu beginnen. Und nun, am 24.02.2021, ein halbes Jahr später, habe ich wieder 22 Kilo abgenommen und mein Traumgewicht erreicht. Der Spaß am Kochen und natürlich auch an meinen kleinen Kochfilmchen ist sofort wieder präsent gewesen und ZACK, schon sind wieder Videos von mir zu sehen. Weil ich immer wieder nach schriftlichen Rezepten zu meinen Videos gefragt wurde, habe ich mich entschlossen, die-

ses Büchlein zu schreiben.
Neben den Rezepten steht immer das Datum, an dem ich das dazugehörige Video veröffentlicht habe. Das erklärt dann auch mein unterschiedliches Aussehen und meine veränderte Figur.
Die Rezepte in diesem Buch sind alle kurkonform und für die strenge Phase der HCG Stoffwechselkur geeignet.
Nun hoffe ich, dass ich euch mit diesen tollen Rezepten und den passenden Videos Lust und Motivation geben kann, in ein neues Lebensgefühl zu starten.
Dass auch ich eine Diätvergangenheit habe, könnt ihr in meinem Buch „Mein JoJo Leben im Diätenwahn“ nachlesen (ISBN 978-3-7531-6796-1), bei Facebook findet ihr mich unter „JoJoLebenSusann Nocent“ und mein YouTube-Kanal ist ebenfalls unter meinem Namen zu finden☺.

ALLGEMEINE INFOS

Bevor ihr euch auf die Rezepte stürzt, möchte ich euch noch einige Informationen geben.
Die Silikonformen sind für mich super praktisch und nicht mehr wegzudenken. Inzwischen habe ich tatsächlich eine ganze Sammlung davon. Allerdings würde ich empfehlen, die Formen nicht in die Geschirrspülmaschine zu stellen. Bei meinen Silikonformen ist später alles in der Form kleben geblieben. Es ließen sich danach weder Waffeln noch Käsekuchenmuffins fluffig aus der Form drücken. ☹
Des Weiteren schreibe ich in meinen Rezepten sehr oft von Erythrit. Das ist ein Zuckerersatz, mit dem ich persönlich am besten klarkomme und auch die besten Erfahrungen beim Kochen und Backen gemacht habe. Er ist sehr grobkörnig, aus diesem Grund verarbeite ich ihn zu Puderzucker. Ich nutze dazu eine Küchenmaschine, funktioniert aber auch in einem Smoothie Mixer. Würde ich euch auf jeden Fall empfehlen.

Flohsamenschalen gibt es ebenfalls von unterschiedlichen Firmen. Nicht alle eignen sich zum Kochen oder Backen. Einige werden sogar lila, ☺ schmecken soll es aber trotzdem.

Nun zu meinen sogenannten Spezialsoßen ohne Fett und Kohlenhydrate. Im Handel gibt es so unglaublich viele unterschiedliche Sorten. Einige schmecken gut,

einige sind nicht genießbar. Da auch hier die Geschmäcker so unterschiedlich sind, möchte ich euch empfehlen, selber herauszufinden, welche sich für euren Gaumen eignen. ;-)
Was solltet ihr also meiner Meinung nach alles im Haus haben, wenn ihr euch für die Stoffwechselkur entschieden habt:
Für die Gesundheit aus meiner Sicht ein MUSS, sind hochwertige und natürliche Vitalstoffe, die dafür sorgen, dass keine Mangelerscheinungen auftreten und natürlich die HCG Globulis.

Im Schrank:
Flohsamenschalen, Erythrit, Eiweißpulver (in verschiedenen Geschmacksrichtungen, Neutral bitte nicht vergessen), Guarkernmehl oder Xanthan zum Andicken von Soßen, Backpulver, Backpapier, Fläschchen mit Backaroma und Flavor Drops (unterschiedliche Geschmacksrichtungen), Blattgelatine.

Im Kühlschrank:
Eier (ich schreibe in meinen Rezepten öfter „Vollei“, das bedeutet, hier ist das ganze Ei gemeint, Eigelb und Eiweiß), Magerquark, Frischkäse 0,2 % Fett, Skyr bzw. Magerjoghurt und Tomatenmark (je schärfer, desto weniger Zucker).
Natürlich braucht ihr auch häufig Knoblauch, frisches Gemüse, Zitronen, Äpfel, Salat, Gurke usw.

Der Gemüsefond ist für mich sehr wichtig geworden. Ich „brate“ mit Gemüsefond und ich nutze ihn für alle meine Soßen und Suppen. In großen Discountern wie A… und L… gibt es den Fond oft zu Weihnachten und Ostern. Ich fahre mit meinem Mann alle Filialen ab und kaufe alles auf; ☺ mit 99 Cent echt günstig. Dann haben wir auch schon mal 70 Gläser und mehr zu Hause stehen. ☺

Ich falle bei Einkäufen auch schon etwas auf, weil dieser Gemüsefond meist in kleinen, übereinanderstehenden Paletten zu finden ist. Auf jeder Palette gibt es unterschiedliche Fonds. Mich interessiert natürlich nur der Gemüsefond. Also die Gläser abgeräumt und dann heißt es: Paletten umschichten, um an die nächsten Gläser zu kommen. Da kenne ich nichts und der eine oder andere bleibt dann auch schon mal stehen und schaut mich verständnislos an. Jooooo, da stehe ich so was von drüber. ☺ Du findest den Gemüsefond natürlich überall, nur kann er schnell mal 2 bis 3 Euro kosten. Also immer Augen auf und Angebote beachten. Wer allerdings in meiner Nähe wohnen sollte, hat nur sehr geringe Chancen, ein Glas zu bekommen. ☺ ☺ ☺

Bei den Milchprodukten achtet bitte immer darauf, wie viel Fett und Kohlenhydrate enthalten sind. Wenn darauf steht, wenig Fett, dann ist meist mehr Zucker drin. Und wenn wenig Zucker darauf steht, ist meist mehr Fett drin. ;-) Ihr solltet ein gutes Mittelmaß finden. Kohlenhydrate – davon Zucker sollte nicht über 4,0 g sein. Hier stimmen Fett und Zuckergehalt. ;-)
Bei vielen Produkten wird auf der Verpackung auf den sehr geringen Fettgehalt hingewiesen. Das stimmt natürlich auch, nur der Zuckerwert passt nicht. Also, Augen auf beim Quarki-Kauf. ;-)
Silikonformen (z. B. Waffel- und Kastenform) sind für mich wirklich hilfreich und kleine Einmachgläschen eignen sich super für eine Portion Nachtisch.
So.........nun hoffe ich, dass ich nichts Gravierendes vergessen habe. ☺
Um gut vorbereitet zu sein und Spaß an der Stoffwechselkur zu haben, würde ich empfehlen, dass ihr euren ganz persönlichen Speiseplan zusammenstellt. Immer zu wissen, was ihr die nächsten Tage essen möchtet, ist tatsächlich sehr wichtig. ;-) Schaut, wie es bei mir aussieht. Das Essen spielt im Leben fast immer die wichtigste Rolle.

Das kennt ihr doch sicher auch oder? Im Urlaub: Ist das Essen gut, ist auch der Urlaub toll. War das Essen schlecht, dann ist der Urlaub auch nicht dolle gewesen. Zu diesem Foto gibt es auch ein kleines 4 Minuten Video auf meinen YouTube-Kanal, „Meine persönliche Speisekarte“.

INHALTSVERZEICHNIS:

1. SÜßE KNUSPERSTANGEN

(20.02.2020)

4 Eier: 2 Vollei, 2 Eiweiß
1 EL Erythrit (Zuckerersatz)
80 g Eiweißpulver; ich nutze Apfelstrudel (je nach Geschmacksrichtung)
Aroma zum Backen oder Flavor Drops; hier nutze ich Marzipan (auch hier jeder nach seinem Geschmack)
Backblech mit Backpapier oder Silikonform
Ober- Unterhitze ca. 15 Minuten bei 180 Grad
Diese kleinen Leckerlis haben einen hohen Suchtfaktor. ☺
Alle Zutaten werden in einer Schüssel mit dem elektrischen Handmixer zu einem Teig verrührt.
Dieser sollte cremig und ohne Klümpchen sein. Mindestens 2 bis 3 Minuten solltet ihr beim Mixen schon durchhalten. Den Teig möglichst gleichmäßig auf dem Backblech mit Backpapier oder der Silikonform verteilen und ab in den Ofen. Nach ca. 15 Minuten sollte der Teig durchgebacken sein. Vorsichtig aus der Form lösen und auf ein frisches Backpapier legen. Nun kann der Teig in längliche, möglichst dünne Streifen geschnitten werden. Ein Brotmesser eignet sich besonders gut dazu.
Jetzt heißt es abwarten und durchhalten.
Mit jedem Tag, an dem die „Streifen" an der Luft liegen, werden sie härter und knuspriger. Die Kunst ist, diese leckeren Stangen so lange liegen zu lassen, bis sie kom-

plett durchgehärtet sind. Sie schmecken schon von Beginn an sehr gut. Wenn sie nach 3 bis 4 Tagen richtig durchgehärtet sind, habe ich kaum noch welche übrig. ☺

Um Schokoknusperstangen zu backen, nutzt einfach ein Schokoeiweißpulver, Flavor Drops Schoko und gerne noch ein Fläschchen Backaroma Rum. ☺

2. SCHOKO-RUM-KEKSE

(06.12.2020)

1 Ei
30 g Eiweißpulver Double Chocolate
25 g Magerquark
1 EL Erythrit
20 g Flohsamenschalen
¼ Pck. Backpulver
Rum Aroma zum Backen oder Flavor Drops: Chocolate Cookie

Alle Zutaten werden in einer Schüssel mit dem elektrischen Handmixer zu einem Teig gerührt.

Aus dem Teig formt ihr (mit einem Teelöffel) 15 kleine Taler, die auf ein Backblech mit Backpapier gelegt werden. Für ca. 20 Minuten kommen sie nun erst einmal bei 150 Grad Umluft in den Ofen. Nach dieser Zeit hole ich die Kekse aus dem Ofen, drehe sie alle um und schiebe sie für weitere 20 Minuten in den Ofen. Jetzt sollten sie schon einen gewissen Härtegrad haben, allerdings trocknen die Kekse an der Luft weiter und werden Tag für Tag härter.

Mit Vanille Eiweißpulver und Vanillearoma zaubert ihr auch ganz schnell leckere Vanillekekse. ☺

3. DIE LECKEREN WAFFELN ☺

(23.12.2016)

75 g Magerquark
2 Eier
30 g Eiweißpulver (je nach Geschmack, ich nutze aktuell Apfel Strudel ☺)
1 gestrichenen Esslöffel Flohsamenschalen, ca. 6 g
1 EL Erythrit
Zimt, Vanillearoma (wieder ganz nach eurem Geschmack)
1 TL Backpulver
½ Apfel in kleine Würfelchen geschnitten

Bei 150 Grad Umluft ca. 20-25 Minuten in den Ofen.
Alle Zutaten in einer Schüssel mit dem elektrischen Handmixer zu einem Teig rühren.
Ich nutze auch hier wieder eine Silikonform für 4 Waffeln, die Menge passt genau.
Vorsichtig und gleichmäßig in die Form füllen. Ich lege die Form schon vorab auf das Backblech in den Ofen und befülle dann die Form. Sie lässt sich gefüllt nicht so gut transportieren. ;-) Da jeder Backofen etwas unterschiedlich ist, probiert einfach mal aus, wie lange die Waffeln im Ofen bleiben. Werden sie an den Seiten etwas dunkel, einfach abdecken. Wenn sich die Waffeln einfach aus der Form lösen lassen, sind sie fertig.

Jeden Abend esse ich zum Nachtisch eine Waffel, in der Mikrowelle warm gemacht, mit selbst gemachter, kurkonformer Marmelade. Aus meinem Leben nicht mehr wegzudenken. Übrigens sollen die Waffeln auch aus dem Toaster gut schmecken.

4. BRATAPFEL-ZIMT-QUARK

(18.11.2020)

1 sauren Apfel in kleine Würfel schneiden
150 g Magerquark
130 g Skyr
30 g Erythrit + Erythrit zum Karamellisieren (ca. 3-4 Esslöffel)
Zimt
3 Blatt Gelatine
2 Zitronen
Flavour Drops: Chocolate Cookie

Die kleinen Apfelstückchen in einer Pfanne mit Erythrit karamellisieren. Mit etwas Zimt und Zitrone abschmecken.
Den Magerquark, Skyr, Erythrit und Zimt mit dem elektrischen Handmixer zu einem geschmeidigen Teig verrühren. ☺
Die Gelatine in einer Schüssel mit etwas kaltem Wasser einweichen. Den restlichen Zitronensaft aufkochen und die ausgedrückten Gelatineblätter vorsichtig einrühren. Der Zitronensaft mit der aufgelösten Gelatine wird nun mit einem Esslöffel langsam und Schritt für Schritt in den Teig eingerührt. In meine Gläschen fülle ich nun erst die karamellisierten Apfelstückchen und dann den Teig.
Aus diesem Rezept entstehen fünf kleine Gläschen.

Diese wandern in den Kühlschrank und für die nächsten 5 Tage ist mein Nachtisch am Mittag gesichert. ☺ Inzwischen nutze ich auch gerne noch ein bisschen Marzipanaroma für den Teig. ;-)

5. STERNCHENNACHTISCH

(31.10.2020)

4 Eier (1 Vollei, 3 Eiweiß)
50 g Magerquark
100 g Frischkäse 0,2 % Fett
4 EL Erythrit
15 g Eiweißpulver *(ich nutze Coffee Caramel)*
Flavor Drops/ Backaroma je nach Geschmack *(ich nutze Flavor Drops Chocolate Cookie)*
Zimt
4 Blatt Gelatine
80 ml Wasser
evtl. Spritzbeutel
6 Einmachgläschen

Die Gelatine in einem Gefäß mit etwas kaltem Wasser einweichen.

In einer Schüssel die 3 Eiweiß steif schlagen und erst dann zwei Esslöffel Erythrit nach und nach hinzugeben *(weiter mixen, damit sich das Erythrit gut verteilt)*.

In der zweiten Schüssel Frischkäse, Magerquark, Erythrit, 1 Vollei, Eiweißpulver, Zimt und Aroma mit dem elektrischen Handmixer zu einem Teig verarbeiten. Die ausgedrückten Gelatineblätter werden nun vorsichtig nach und nach in ca. 80 ml kochendes Wasser eingerührt. Der Inhalt wird jetzt mit dem Esslöffel langsam zu gleichen Teilen auf die beiden Schüsseln verteilt. Ich nehme allerdings immer den größeren Teil zum Eiweiß.

Das könnt ihr später dann selber ausprobieren. Den Inhalt der beiden Schüsseln verteile (die Reihenfolge ist euch überlassen, ich nehme erst Eiweiß, dann den Teig) ich nun auf 6 kleine Gläschen und ab in den Kühlschrank. Für die nächsten 6 Tage ist der Nachtisch wieder gesichert. Jeden Mittag gibt es bei mir ein Gläschen Nachtisch. ☺

Ein Berechnungsbeispiel für die Werte/Kalorien eines Gläschens findet ihr auf Seite 80/81

6. BETTHUPFERL

(20.12.2020)

5 Eiweiß
5 Blatt Gelatine
Erythrit, ca. 5 Esslöffel nach Geschmack
Marmelade kurkonform Rezept 12
ca. 80 ml Wasser
evtl. Spritzbeutel

Die Gelatineblätter in einer Schale mit kaltem Wasser einweichen. Ich möchte hier noch gerne erwähnen, dass ich inzwischen nur 4 Blätter nutze. Die Konsistenz gefällt mir besser. Ist natürlich, wie immer, Geschmacksache. Das Eiweiß wird mit dem elektrischen Handmixer richtig steif geschlagen, erst dann wird langsam und unter ständigem Mixen der Zuckerersatz (Erythrit) dazu gegeben. Das Wasser wird zum Kochen gebracht und die ausgepressten Gelatineblätter nach und nach in das heiße Wasser eingerührt. Damit sich später die Gelatine nicht am Boden der Gläschen absetzt, ist es sehr wichtig, die Flüssigkeit in kleinen Portionen sehr gründlich mit einem Esslöffel einzurühren. Nun könnt ihr das Eiweiß mit einem Spritzbeutel, oder wie ich, einer Plastiktüte, in Schichten mit der Marmelade in die Gläschen füllen. Bei der Plastiktüte solltet ihr natürlich in die Ecke ein kleines Loch schneiden. ;-) Ab in den Kühlschrank und eure kleine zusätzliche Eiweißration ist fertig. Ab

und zu befülle ich mir auch einige Gläschen nur mit Eiweiß, für den kleinen Hunger zwischendurch. Es sättig und schmeckt bei mir inzwischen wie das „Innenleben" von einem Schaumkuss. ☺
Für die Betthupferl nutze ich die Gläser eine Nummer größer. 5-6 Stück, zwei esse ich immer an einem Abend. ☺ Stehen also nicht lange im Kühlschrank.

7. MARZIPANKUGELN

(29.11.2020)

150 g geschälte Zucchini (im Smoothie Mixer zu Brei verarbeiten)
50 g Skyr natur
50 g Frischkäse 0,2 %
50 g Eiweißpulver Apfelstrudel
10 g Flohsamenschalen
1 EL Erythrit
¼ Pck. Backpulver
Flavor Drops Marzipan (mehr ist mehr ☺)
Alle Zutaten in einer Schüssel mit dem elektrischen Handmixer zu einem Teig verarbeiten und mit dem Spritzbeutel gleichmäßig auf die Form verteilen (ergibt ca. 30 Stück).
Bei 180 Grad Umluft ca. 20 Minuten backen. Bitte zwischendurch eine Kugel testen. Sie sollten noch weich und fluffig sein. Wie auf dem Foto abgebildet.

Marzipankugeln
HPiano 2 Stck Kleine Halbkugel Silikonform mit
Vertiefungen, Backform Backwerkzeug für ihre
Schokoladendesserts, Eisbomben, Mini Teacake,

8. SCHOKO-RUM-KUGELN

(15.11.2020)

150 g geschälte Zucchini (im Smoothie Mixer zu Brei verarbeiten)
50 g Skyr
50 g Frischkäse 0,2 %
1 EL Erythrit
10 g Flohsamenschalen
¼ Pck. Backpulver
50 g Eiweißpulver Double Chocolate
Flavor Drops Chocolate Cookie
Backaroma Rum, gerne das gesamte kleine Fläschchen
Alle Zutaten mit dem elektrischen Handmixer zu einem Teig verarbeiten und mit dem Spritzbeutel gleichmäßig auf die Form verteilen (ergibt 24 Stück).
Ihr stellt sicher schon fest, es ist das gleiche Grundrezept wie bei den Marzipankugeln. Ich nutze hier allerdings eine andere Silikonform. Deswegen auch eine geringere Stückzahl, dafür aber größer. ☺
Mit Vanille Eiweißpulver, Vanille-Backaroma und einer anderen Form könnt ihr auch Vanillekipferl zaubern.

SveBake Mini Muffinform - 24er Silikon
Muffinblech Backformen mit Antihaftbeschichtung
für Muffins, Cupcakes, Brownies, Kuchen, Pudding,
34x23x2.5cm. Ø 4.5cm. Rot

9. FALSCHER ZITRONENKUCHEN

(25.06.2017)

350 g gelbe Zucchini (oben und unten beschnitten, nicht geschält)
½ Apfel
200 g Magerquark
200 g Eiweißpulver Vanille
40 g Flohsamenschalen
ca. 100 g Erythrit (soll ja schön süß werden ☺)
1 Pck. Backpulver
Backaroma Zitrone, gerne das ganze Fläschchen

Bei Umluft 180 Grad ca. 70 Minuten backen

Zucchini und Apfel klein schneiden, in einer Küchenmaschine oder einem Smoothie Mixer pürieren und mit den restlichen Zutaten in einem Gefäß mit dem elektrischen Handmixer zu einem Teig verarbeiten und in die Backform geben. Auch in diesem Fall kommt meine Silikonbrotbackform zum Einsatz. Als Tipp: Sollte er zu dunkel werden, einfach für die restliche Backzeit abdecken.
Leider sind die gelben Zucchini schwer zu bekommen. Geschmacklich spielt es keine Rolle, ob gelbe oder grüne. Sieht eben optisch einfach toll aus, wenn der „Zitronenkuchen" auch die passende Farbe hat.

Solltet ihr die grünen Zucchini nutzen, dann würde ich sie allerdings schälen, damit euer Zitronenkuchen später nicht grün aussieht. ☺

10. BAISER/EIWEIßGEBÄCK

(27.01.2017)

4 Eiweiß
Spritzer Zitronensaft
150 – 200 g Erythrit
100 Grad Umluft ca. 80-90 Minuten

Das Eiweiß in einer Schüssel mit dem elektrischen Handmixer steif schlagen, erst dann das Erythrit und den Spritzer Zitrone langsam hinzugeben. Die Masse in einen Spritzbeutel geben, ein Backblech mit Backpapier vorbereiten und kreative Formen gestalten. ☺ Wieder etwas für die Leckermäuler, wenn euch nach Süßem gelüstet. Kann immer mal schnell zwischendurch genascht werden.

11. KÄSEKUCHEN-MUFFINS

(26.04.2017)

100 g Frischkäse 0,2 % Fett
50 g Magerquark
1 Ei (trennen)
2 EL Erythrit
15 g Eiweißpulver Vanille
Backaroma Vanille oder Bittermandel, je nach Geschmack (einige Tropfen)

Umluft 150 Grad ca. 45-55 Minuten. Bitte zwischendurch kontrollieren, dass sie nicht zu dunkel werden. Wenn sie sich einfach aus der Form lösen, sind sie fertig.
Frischkäse, Quark, Eigelb, Erythrit, Eiweißpulver und Backaroma in einer Schüssel mit dem elektrischen Handmixer zu einem Teig mischen.
In einem zweiten Gefäß das Eiweiß steif schlagen.
Das Eiweiß mit dem Esslöffel langsam unter den Teig heben und alles mit einer Spritztüte in kleine Förmchen (passt für 8 Stück) füllen.

OUNONA 12Pcs Silikon Gugelhupf Backform;
Wiederverwendbare Kuchenform Set für DIY

12. MARMELADE

(21.03.2021)

1.500 g tiefgefrorene, unterschiedliche Sorten Beeren ohne Zuckerzusatz
500 g Gelierxucker, ich nutze 1-3 oder 1-2, dann 750 g
Zimt
½ Zitrone
Aromafläschchen nach Geschmack (ich nutze gerne Vanille oder Marzipan)
Gläser für die Marmelade, da eignen sich die leeren Gläser von dem Gemüsefond ausgezeichnet.

Die tiefgefrorenen Beeren mit dem Gelierxucker kochen, bis die Beeren weich sind. Ich mag meine Marmelade gerne ohne Fruchtstückchen. Aus diesem Grund püriere ich das Obst. Aber bitte den Topf beim Pürieren abdecken, sonst habt ihr eine kleine bis mittelgroße Schweinerei in der Küche. ☺

Nun gebe ich noch eine ausgepresste halbe Zitrone dazu und schmecke mit Zimt und Aroma ab. Danach fülle ich die heiße Marmelade mit einer Kelle in die Gläser. Gut verschießen, auf den Kopf stellen, auskühlen lassen und ab in den Kühlschrank. Ich nutze die Marmelade gern zu einer leckeren warmen Waffel oder auch für meine Betthupferl. Die passenden Rezepte dazu findet ihr hier natürlich auch. ;.)

Zu dieser Zeit ist gerade mein Buch „Mein JoJo Leben im Diätenwahn“ in den Handel gekommen. Bin so happy und aufgeregt gewesen, dass ich es in diesem Video kurz erwähnen musste. ☺ ☺ ☺ ☺

13. EIWEIẞERDBEERSHAKE

(16.12.2016)

Für die extra Portion Eiweiß am Morgen

ca. 50 g Magerquark
eine kleine Handvoll tiefgefrorene Früchte, vorzugsweise Beeren ohne Zuckersatz
30-40 g Eiweißpulver je nach Geschmack (ich nutze gerne Vanille Eiscreme)

Die tiefgefrorenen Beeren (nur das erlaubte Obst) mit etwas Wasser, Magerquark und Eiweißpulver in den Mixer. Die Wassermenge macht später aus, wie dickflüssig euer Shake wird. Je mehr Wasser, desto flüssiger. Im Sommer habe ich mir frische Erdbeeren eingefroren. Immer 4 Stück nebeneinandergelegt und vorsichtig eingepackt. So hatte ich später keinen Erdbeerklumpen, der meinen Smoothie Mixer gekillt hätte. ☺ Es gibt viele von euch, die Probleme haben, während der Kur auf die erforderliche Eiweißmenge zu kommen. Man rechnet das 1,5fache des Körpergewichts. Also bei einem Startgewicht von z. B. 95 Kilogramm, muss man mindestens 142,5 g Eiweiß täglich zu sich nehmen, gerne auch etwas mehr. Wenn man nun aber bedenkt, dass z. B. 150 g Hähncheninnenfilet nur 34,5 g Eiweiß enthalten, kann es schon zu einem Problem werden. Es ist sinnvoll, am Morgen und am Abend noch einen zusätzlichen Eiweißshake zu sich zu nehmen, der übrigens nicht mit in die täglichen Werte eingerechnet wird. Nur das Eiweiß zählt. Diese Variante ist für mich perfekt gewesen. Jeden Morgen habe ich mich auf diesen fruchtigen kalten Erdbeershake gefreut. Achtet bei dem Proteinpulver auf die Inhaltsstoffe und natürlich auch auf den Geschmack. Mit 40 g Eiweißpulver habt ihr zusätzlich noch 31,2 g Eiweiß. Aber nicht vergessen, der Quark muss natürlich angerechnet werden.

14. LATTE MACCHIATO

(22.11.2020)

Kaffee
Eiweißpulver (ich nutze „Iced Latte")
Eine gute Alternative für alle von euch, die ihren Kaffee gerne mit Milch genießen, die während der Stoffwechselkur nicht erlaubt ist.
Der Kaffee wird ganz normal gekocht. Die heiße Flüssigkeit fülle ich in den Smoothie Behälter und gebe je nach Geschmack Eiweißpulver dazu. Wiegt das Pulver bitte ab, denn es ist ja eine Eiweißration, die mit in den Tagesbedarf gerechnet wird (nur das Eiweiß, die restlichen Werte sind morgens uns abends „kostenlos";-).
Das ganz gut durchmixen lassen, damit später keine Klümpchen entstehen. Bitte beim Öffnen gut aufpassen, der Behälter steht unter Druck und ist auch ein bisschen schwierig zu öffnen. Ganz langsam und vorsichtig. Mir ist das Ganze schon einmal um die Ohren geflogen und die halbe Küche ist voller klebrigem Schaum gewesen, ich inklusive. Und glaubt mir, es ist nicht schön, heißen und klebrigen Schaum im Gesicht zu haben.
Möchtet ihr gerne am Nachmittag einen schönen cremigen Latte macchiato genießen, bedenkt bitte:
30 g Eiweißpulver hat 1,65 g Fett, 1,89 Kohlenhydrate, 23,01 Eiweiß und **116 Kalorien** und muss dann komplett mit in den Tagesbedarf gerechnet werden.

Susann Nocent
Cremiger Latte Macchiato

15. SCHOKOQUARK

(13.12.2016)

Für die extra Portion Eiweiß am Abend

Ca. 100 g Magerquark je nachdem, wie viel noch in euren Tagesbedarf passt.
30-40 g Eiweißpulver je nach Geschmack (ich nutze gerne Schoko)
Die Menge vom Eiweißpulver ist individuell. Je nachdem, wie hoch dein Tagesbedarf berechnet ist.

Magerquark und Eiweißpulver mit einer Gabel cremig rühren/schlagen. Magerquark lässt sich mit etwas Sprudelwasser besonders gut cremig rühren.

Es gibt viele von euch, die Probleme haben, während der Kur auf die erforderliche Eiweißmenge zu kommen. Man rechnet das 1,5fache des Körpergewichts. Also bei einem Startgewicht von z. B. 80 Kilogramm, muss man mindestens 120 g Eiweiß täglich zu sich nehmen, gerne auch etwas mehr. Wenn man nun aber bedenkt, dass z. B. 150 g Tatar nur 31,8 g Eiweiß enthalten, kann es schon zu einem Problem werden. Es ist sinnvoll, am Morgen und am Abend noch einen zusätzlichen Eiweißshake zu sich zu nehmen, der übrigens nicht mit in die täglichen Werte eingerechnet wird. Nur das Eiweiß zählt. Achtet bei dem Proteinpulver auf die Inhaltsstoffe und natürlich auch auf den Geschmack.

Mit 30 g Eiweißpulver habt ihr zusätzlich noch 23,1 g Eiweiß. Also ich habe meinen Schokoquark kurz vorm Schlafengehen immer genossen. Aber nicht vergessen, der Quark muss natürlich angerechnet werden.

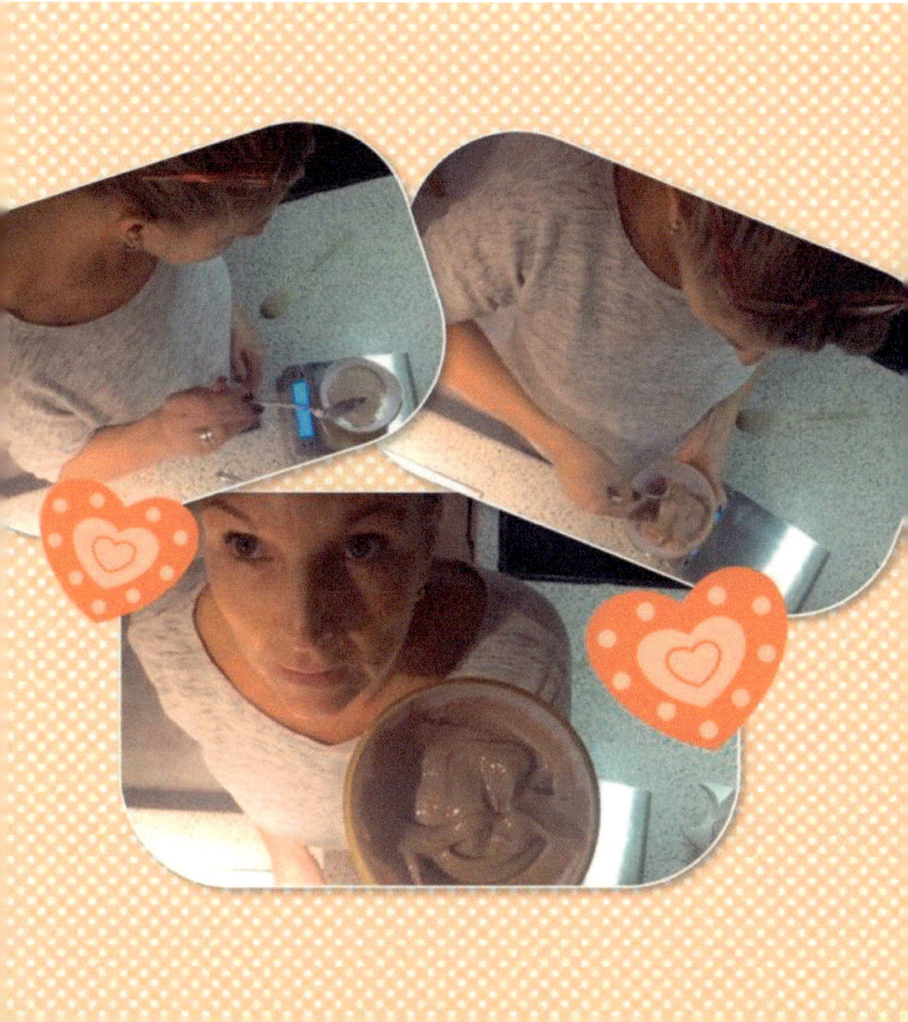

16. AUBERGINENCREME

(06.01.2017)

200 g Frischkäse 0,2 % Fett
Aubergine (2-3 Stück, ja nach Größe)
Salz
Pfeffer
frischer Knoblauch
Oregano
Erythrit (nach Geschmack)
Auf Umluft bei 220 Grad 40 Minuten, vorheizen nicht vergessen!

Die Auberginen werden der Länge nach aufgeschnitten und mit der Schnittfläche nach unten auf ein Backblech mit Backpapier gelegt und schon geht es ab in den Ofen. Nach 40 Minuten holen wir sie raus, drehen sie um und schneiden vorsichtig an der Haut längs, um das „Innenleben" vom Rand zu lösen. Die oberste, etwas vertrocknete Schicht wird abgetrennt. Nun kann mit einer Gabel das weiche Fruchtfleisch in eine Schüssel gegeben werden. Es sollte ca. 350 g ergeben. Jetzt geben wir den Frischkäse dazu und würzen kräftig mit Salz und Pfeffer. Viel Knoblauch, so mag ich es am liebsten, und für den süßen Geschmack noch ein wenig Erythrit. Nun wird alles püriert und fertig ist eine wunderbare, kurkonforme Auberginencreme.
Angerechnet wird nur der Frischkäse.

17. TSATSIKI

(31.12.2016)

300-400 g Magerquark, je nachdem wie viel Tsatsiki ihr zubereiten möchtet ;-)
Salatgurke
Salz
Pfeffer
frischer Knoblauch
Erythrit
1 Zwiebel

Die Zwiebel in kleine Würfel schneiden. Die Gurke, kann auch entkernt werden, mit einer Reibe kleinraspeln und das überschüssige Wasser kräftig ausdrücken. Den Quark, die Gewürze, gepresste Knoblauchzehe und die Zwiebeln vermischen und mit der Gabel etwas cremig schlagen. Magerquark lässt sich mit etwas Sprudelwasser sehr gut cremig rühren. Die Gurkenraspeln noch einmal ausdrücken und dazugeben. Alles zusammen noch einmal richtig gut durchrühren und abschmecken. Da ich es gerne etwas süßlich mag, kommt noch etwas Erythrit dazu. ;-)

Fertig ist der nächste kurkonforme leckere Dip. Angerechnet wir nur der Magerquark.

Hand in Hand zu unserem Ziel

18. SCHARFER KNOBLAUCHDIP

(03.11.2020)

200 g Frischkäse 0,2 % Fett
frischer Knoblauch (ausgepresst)
Tomatenmark scharf
Samba Oelek / Chilipaste / Soße*
Salz
Pfeffer

Schnell und einfach alle Zutaten mit einer Gabel zusammen mischen, cremig rühren/schlagen und nach Geschmack abschmecken. Bei mir natürlich sehr scharf und viel Knoblauch und/oder Chili. So habe ich alles für mich, für meine Familie und Freunde ist es zu scharf. ;-)

Angerechnet wird nur der Frischkäse.

*Im Handel sind verschiede Soßen erhältlich, die keinen Zucker und keine Kohlenhydrate enthalten. Einige Sorten sind nach meinem Geschmack richtig lecker. Das müsst ihr aber bitte selber austesten. Geschmäcker können ja bekanntlich sehr unterschiedlich sein. ;-)

19. HACKOOPSIE TORTE

(13.02.2020)

400 g Tatar
etwas Gemüsefond zum „Anbraten“
5 Eier (2 Eigelb, 5 Eiweiß)
250 g Magerquark
30 g Eiweißpulver Neutral
½ Paket Backpulver
Gewürze

Zuerst braten wir 400g Tatar mit etwas Gemüsefond in der Pfanne krümelig an. Das fertige Hack zum Abkühlen zur Seite stellen.

Für den Oopsie Teig brauchen wir fünf Eier. Wir nutzen 5 Eiweiß, die in einer separaten Schüssel mit dem elektrischen Handmixer steif geschlagen werden. In der zweiten Schüssel mixen wir zwei Eigelb, 250 g Magerquark, 30 g Eiweißpulver Neutral, 1/2 Paket Backpulver und Gewürze (bei mir immer scharf mit Salz, Pfeffer, Chilipulver und Samba Oelek) zu einem Teig.

Nun wird das steif geschlagene Eiweiß vorsichtig mit einem Löffel unter den Teig gehoben und zu einem cremigen Teig verarbeitet. Wenn alles gut durchgemischt ist, nehmen wir das abgekühlte Hack und mischen es ebenfalls in den Teig. Die gut durchgerührte Masse füllen wir nun in die Silikonform.

Im Ofen bei Umluft zwischen 150 und 170 Grad ca. 30 bis 45 Minuten backen.

Am besten ist es, wie in meinem Video zu sehen, wenn ihr die Hand auf den Teig legt. Fühlt sich der ganze Teig richtig fest an, dann ist die Torte fertig. Wenn ihr sie aus dem Ofen holt, löst die Torte vorsichtig von dem Rand, da sie etwas zusammenfällt. Wenn sie ausgekühlt ist, könnt ihr sie in 4 Teile scheiden und habt somit vier Mahlzeiten. Diese eignen sich wunderbar zum Einfrieren und können später, nach dem Auftauen, in der Mikrowelle warm gemacht werden. Dazu z. B. die Auberginencreme, Tsatsiki, oder den scharfen Knoblauchdip.

20. SUSIS FLOTTE ROLLE

(15.01.2020)

100 g Magerquark
1 Ei
1 EL Flohsamenschalen (gestrichen)
Gewürze nach Wahl

Der Teig ist schnell und einfach hergestellt.
Wir mischen alle Zutaten und Gewürze nach Wahl mit dem elektrischen Handmixer in einem Gefäß zu einem Teig. Bei mir natürlich wie immer noch mit Chilipulver und Samba Oelek. Darf auch mal Piri Piri sein. ;-)
Dieser Teig wird nun ganz dünn auf dem Backpapier verteilt. Erfordert ein bisschen Übung, aber die ist so lecker, die werdet ihr bestimmt öfter essen, dann habt ihr es nach kurzer Zeit schnell raus. ☺
Bei 180 Grad Umluft für ca. 15-25 Minuten in den Ofen. Der Teig ist fertig, wenn er „hoch kommt" bzw. sich teilweise selbstständig im Ofen vom Backpapier löst. Meist schlägt er dann in der Mitte eine Blase. Kann man jetzt echt blöd beschreiben, einfach mal anschauen. ;-) Vorsichtig vom Backpapier abziehen.
Die Füllung könnt ihr nun individuell gestalten. Ob vegetarisch, z. B mit Pilzen, körnigem Frischkäse und Zwiebeln oder mit „gebratenem" Hähnchenfleisch, Tomaten, Zwiebeln und Salat. Auch hier ist noch zusätzlich Tsatsiki oder Knoblauchdip in der Rolle sehr schmackhaft.

Sooo
Lecker

21. HÜTTENKÄSETALER

(02.11.2020)

200 g Hüttenkäse 0,8 % Fett
100 g Tomaten (könnte auch ausgetauscht werden, z.B. mit Zwiebeln)
30 g Eiweißpulver Neutral
Kräuter nach Geschmack z. B. frischer Schnittlauch und/oder Petersilie
1 gestrichener Esslöffel Flohsamenschalen
Salz
Pfeffer
Samba Oelek nach Geschmack ;-)

WICHTIG: Backofen vorheizen!! In 4 von 5 Fällen vergesse ich es ☹
Umluft bei 180 Grad ca. 20-30 Minuten
Die Tomaten in kleine Würfel schnippeln. Solltet ihr Zwiebeln oder/und Pilze nutzen, natürlich auch klein schneiden. ;-) Den Hüttenkäse, Eiweißpulver, Flohsamenschalen, Gewürze und Kräuter (ich nutze eine Gabel) dazu mischen. Nun 4 gleichgroße Taler auf ein Backblech/Backpapier verteilen. Für mich immer wieder eine Herausforderung. Schaut, dass sie nicht zu dick werden, ansonsten dauert es länger, bis sie in der Mitte fest werden. Ich halte sie ständig unter Beobachtung. Wenn sie am Rand schon etwas dunkel werden, teste ich, ob sie auch in der Mitte durch sind.

Dann löse ich die Taler vorsichtig von dem Backpapier und drehe sie um. Zur Not nutze ich ein langes, scharfes Messer zur Hilfe. Für weitere ca. 10 Minuten in den Ofen. Ich backe gleich eine größere Portion von 12 Talern und friere immer 3 Stück zusammen ein. Schon sind wieder 4 Mahlzeiten fertig. Auftauen lassen und in der Mikrowelle aufwärmen. Klappt super. Hier zu sehen, nett als Mahlzeit angerichtet, mit Gurken, Tomaten und z. B. Knoblauch Dip. In meinen Tagesbedarf passt immer wunderbar eine Portion je drei Taler.

22. RINDERGULASCH

(27.10.2020)

450 g Rinderhüfte, ich kaufe meist etwas mehr für mehrere Portionen/Mahlzeiten
pro Mahlzeit rechne ich so ca. 200 bis 225 g; im rohen Zustand gewogen
3-4 Gläser Gemüsefond
Salz, Pfeffer, Paprika
Chilipaste/Samba Oelek
Zwiebeln
Pilze (ich mag keine Pilze, deswegen tauchen sie in meinen Rezepten nicht auf ☺)
1-2 Spitzpaprika
1-2 Tomaten
1 Stange Lauch
Guarkernmehl zum Andicken (nicht zwingend erforderlich)

Rinderhüfte in kleine Gulaschwürfel schneiden und in die kalte Pfanne geben. Fleisch würzen und Pfanne erhitzen. Nun bildet das Fleisch mit der Zeit Flüssigkeit aus dem eigenen Saft. Wenn diese verkocht und sich auf dem Boden der Pfanne absetzt, abschaben und mit etwas Gemüsefond auffüllen. Diesen Vorgang 2-3-mal wiederholen. So bildet sich ein schmackhafter Sud. Alles in einen großen Topf umfüllen und mit Gemüsefond auffüllen. Paprika, Zwiebel, Tomate und Lauch in sehr großen Stücken dazugeben. Ca. 1 1/2 Stunden köcheln lassen. Nun das Gemüse „rausfischen“, pürieren und zurück in den Topf. Bei Bedarf kann nun noch mit z. B. Guarkernmehl angedickt werden. Aber VORSICHT, nicht zu viel nehmen und ganz schnell einrühren, sonst klumpt es. Ich mache mir meist 4 Portionen zum Einfrieren und schon sind wieder vier Mahlzeiten fertig. Übrigens funktioniert das Ganze auch wunderbar mit Rinderrouladen. ;-) Ich nehme Beefsteak Rouladenfleisch und achte darauf, dass eine Scheibe so ca. 170 g bis 190 g hat. Das sind fast immer die Zutaten für eine leckere Soße. Alles in Gemüsefond weichkochen, pürieren und abschmecken. ☺ Bei Bedarf mit Frischkäse verfeinern und mit Guarkernmehl oder Xanthan andicken. ZACK Soße fertig.

23. HCG FLOHBRÖTCHEN

(11.01.2017)

2 Vollei
1 Eiweiß
½ TL Backpulver
200 g Frischkäse 0,2 %
40 g- 45 g Flohsamenschalen (ich nutze inzwischen 40 g)
Würzen nach Geschmack
150 Grad Umluft 50-60 Minuten

Wenn die Zeit um ist, das Blech mit den Brötchen aus dem Ofen nehmen und draußen auskühlen lassen.
Alle Zutaten mit einem elektrischen Handmixer in einer Schüssel zu einem Teig verarbeiten und 10 Minuten ruhen lassen. Aus dem Teig 4 gleichgroße Brötchen formen und auf ein Backblech mit Backpapier legen.
Solltet ihr den Ofen zwischendurch öffnen, kann es sein, dass die Brötchen später etwas zusammenfallen.
Ich öffne den Ofen während der Backzeit nicht mehr und die Brötchen bleiben seitdem immer rund. ☺
Nach ca. 1 Stunde kommen die Brötchen aus dem Ofen und müssen außerhalb des Ofens auskühlen. Später nach Geschmack belegen.
Mir schmecken sie kalt am besten. Wenn sie warm sind, können sie etwas „glitschig" wirken, durch die Flohsamenschalen.

24. OOPSIE 2.0

(06.03.2021)

250 g Magerquark
5 Eier (2 Eigelb, 5 Eiweiß)
30 g Eiweißpulver Neutral
½ Pck. Backpulver
Salz, Pfeffer
Paprika, Chili, Samba Oelek (nach Geschmack)

Umluft 150-170 Grad ca. 20-25 Minuten

5 Eiweiß werden in einer separaten Schüssel steif geschlagen. In der zweiten Schüssel werden zwei Eigelb, 250 g Magerquark, 30 g Eiweißpulver Neutral, 1/2 Paket Backpulver und Gewürze (bei mir immer sehr scharf) mit dem elektrischen Handmixer zu einem Teig verarbeitet.
Nun wird das steif geschlagene Eiweiß vorsichtig mit einem Löffel unter den Teig gehoben und zu einem cremigen Teig verrührt. Jetzt kommt wieder meine ganz persönliche Herausforderung. Ich verteile den Teig auf 6 gleiche Häufchen und forme sie mit einem Löffel etwas glatt, aber bitte nicht zu dünn. Wenn sich die Oopsies gut vom Backpapier abziehen lassen, sind sie fertig. Beim Aufbewahren im Kühl- oder Gefrierschrank bitte immer ein Stück Backpapier dazwischen legen, sonst kleben sie aneinander fest.

Aufwärmen könnt ihr sie in der Mikrowelle oder in einem Toaster. Probiert einfach mal aus, was euch besser gefällt.
Übrigens: Geht auch in süß mit Vanille Eiweißpulver, Erythrit und Zimt.

25. SCHLEMMERTOPF

(21.03.2021)

250 g Rindergulasch (ich nutze magere Hüfte)
250 g Tatar
2 Spitzpaprika
2 große Paprika orange/gelb
1 Stange Lauch
2 Gemüsezwiebeln
1 süße Zwiebel
Knoblauch (wer es mag)
4 Gewürzgurken ohne Zucker, Gurkenwasser aus dem Glas (z. B. saure Salz-Dill-Gurken)
1 Dose gehackte Tomaten
2-3 Gläser Gemüsefond
Gewürze, Salz, Pfeffer, Paprika
Tomatenmark scharf (achtet bitte auf den Zuckeranteil)

Zuerst das Hack würzen, zu kleinen Bällchen formen und in der Pfanne scharf „anbraten". Ich nutze dazu etwas Gemüsefond. Danach zur Seite stellen. Die Gemüsezwiebeln kleinwürfeln und zusammen mit dem Gulasch (gut würzen) und einem Esslöffel Tomatenmark ebenfalls mit Gemüsefond in einem großen Topf „anbraten". Nun die gehackten Tomaten dazugeben. Die Stange Lauch im Stück, gelbe Paprika halbieren und die süße Zwiebel im Stück dazugeben. So bekommt ihr später das Gemüse zum Pürieren besser aus dem Topf. Ich fülle nun noch 2 Gläser Gemüsefond und einen großen Schluck Gurkenwasser dazu. Das Ganze sollte jetzt ca. 1 Stunde vor sich hin köcheln, bis das Gulasch gar ist. In der Zwischenzeit die 4 Gewürzgurken und die restlichen Paprika in kleine Würfel schneiden. Wenn das Fleisch weich ist, das Gemüse aus dem Topf und eine halbe Knoblauchzehe in einer separaten Schüssel pürieren und wieder in den Topf zurückgeben. Nun die Hackbällchen, die klein geschnittenen Gurken und Paprika in den Topf geben und alles noch einmal 5-10 Minuten köcheln lassen . Und schon habt ihr wieder 4 Portionen zum Einfrieren. Vier Mahlzeiten wandern nun auf eure Speisekarte. ;-)

26. JÄGERTOPFAUFLAUF

(11.02.2017)

125 g Skyr
125 g Frischkäse 0,2 % Fett z. B. auch Kräuterfrischkäse 0,2 % Fett
1 Eigelb
Knoblauch, frisch gepresst, nach Geschmack
Salz
Pfeffer
Kurkuma
ca. 2 EL Erythrit nach Geschmack
250 g Hähncheninnenfilet
25 g magere Schinkenwürfel
Sojasoße
Zwiebel
200 g Champignons
Blumenkohl nach Bedarf
400 ml Gemüsefond und etwas Gemüsefond zum Braten

Skyr, Frischkäse, Eigelb, Knoblauch, Gewürze, Erythrit in eine Schüssel geben und mit dem Schneebesen mixen. Erst einmal zur Seite stellen.

Hähncheninnenfilet klein schneiden, gut würzen und in Sojasoße in einer Pfanne „anbraten". Schinkenwürfel, klein geschnittene Zwiebel und die Champignons (ich

nutze Paprika, weil… ich mag ja keine Pilze ;-)) dazugeben und alles gut durchbraten.
Ich koche gerne noch einen kleinen Blumenkohl vor (in kleine Röschen zerlegt).
Nun kommen die fertige Pfanne und der gekochte Blumenkohl (bei Bedarf) in eine Auflaufform. Unsere selbst gemachte Soße gießen wir darüber, sodass alles schön bedeckt ist.
Die Auflaufform wandert jetzt bei 200 Grad für ca. 30 Minuten in den Ofen.
Ergibt leckere 2 Portionen/Mahlzeiten.

27. HACKBOLOGNESE

(26.02.2021)

150 g Tatar (ich kaufe 450 g und mache so gleich 3 Portionen fertig)
1 Zwiebel klein geschnitten
3 Gläser Gemüsefond
1 große Spitzpaprika
1 orange Paprika
1-2 große Tomaten
1 Gemüsezwiebel
1 weiße/süße Zwiebel
Knoblauch
Kräuter
Gewürze
Samba Oelek, Tomatenmark scharf (wer es mag)
Evtl. Guarkernmehl zum Andicken

Gemüse für die Soße könnt ihr nutzen, wie ihr es am liebsten mögt. Solange diese Sorten auf der Liste der erlaubten Lebensmittel stehen. ;-)
Das Gemüse wird gewaschen, grob geschnitten und mit 2-3 Gläsern Gemüsefond in einem Topf weichgekocht, so ca. 1 Stunde.
Das Hack und die klein geschnittene Zwiebel mit etwas Gemüsefond in der Pfanne krümelig braten.
Wenn das Gemüse zerkocht ist, mit dem Pürierstab zu Soße verarbeiten. Nun könnt ihr noch ausgiebig ab-

schmecken und nach Belieben würzen.
Das Hack gleichmäßig auf drei Gefäße verteilen und mit der Soße aufgießen.
Da ihr mit dem Gemüse einiges an Soße bekommt.
Macht es einfach Sinn, etwas mehr Hack zu verarbeiten, um dann gleich mehrere Portionen zu machen. Lässt sich wunderbar einfrieren.
Etwas Gemüse dazu gekocht und schon ist eine leckere Mahlzeit fertig. ☺

28. OOPSIE BURGER

(13.03.2021)

1 Oopsie (siehe Rezept 24 Oopsie 2.0)
Scharfer Knoblauch Dip (siehe Rezept 18)
100 g Tatar
Gewürze
Gemüsefond zum „braten“
1 Zwiebel
Salatgurke
Tomate
evtl. „Spezialsoßen“ ohne Zucker, Kohlenhydrate und Kalorien

Das Hack mit einer Gabel auf einem Brettchen zu einem flachen Hacktaler formen. Gut würzen, vorsichtig, ich nutze ein scharfes langes Messer zur Hilfe, von dem Teller lösen und mit der gewürzten Seite in eine heiße Pfanne mit etwas Gemüsefond legen. Nun die andere Seite in der Pfanne gut würzen. Beim Durchbraten immer wieder wenden. Den Oopsie in der Mikrowelle erwärmen und mit dem scharfen Knoblauchdip bestreichen. Nun den fertigen Hacktaler auf den Oopsie legen und bei Bedarf noch mit „Spezialsoße“ Ketchup bestreichen. Die Zwiebel in Ringe schneiden, die Gurke und die Tomate in dünne Scheiben schneiden. Alles in Schichten auf dem Burger verteilen. Zum Schluss noch, bei Bedarf, mit der Süßen „Spezialsoße“ würzen. Fertig ist der kurkonforme Oopsie Burger. Ich brate mir gerne 3-4 Hacktaler vor und friere sie ein. Für eine schnelle Mahlzeit ist der Hacktaler schnell aufgetaut und in der Pfanne wieder knusprig gebraten, für den nächsten Oopsie Burger. Ihr werdet ihn lieben. ;-)

29. HACKBRATEN

(05.03.2021)

600 g Tatar
2 Eier
2 Gewürzgurken ohne Zucker (z. B. saure Salz-Dill-Gurken)
1 Zwiebel
Gemüsefond zum Andünsten
Bund Petersilie
1 Zitrone
1 EL Flohsamenschalen
40 g Magerquark
25 g Eiweißpulver Neutral
Gewürze, Salz, Pfeffer, Paprika
Backform für den Hackbraten

Gemüsefond in der Pfanne erhitzen und die gewürfelten Zwiebeln glasig andünsten, dann die klein gehackte Petersilie dazugeben.

Das Hack gut würzen, die beiden klein geschnittenen Gewürzgurken, Magerquark, Eiweißpulver, Flohsamenschalen, 2 Esslöffel Zitronensaft, 2 Eier und die Petersilien-Zwiebelmischung dazugeben. Alles zusammenmischen und in einer Backform auf der untersten Schiene ca. 35 Minuten bei 180 Grad Umluft in den Ofen schieben. Ich nehme den Hackbraten nach dieser Zeit aus der Form und stelle ihn noch einmal für 15-20 Minuten in den Ofen. Das müsst ihr dann bitte ganz individuell entscheiden. Ich bekomme aus meinem Hackbraten 12 Scheiben. Natürlich können die einzelnen Scheiben gut eingefroren werden. Sie sind schnell für eine Mahlzeit aufgetaut und in der Mikrowelle aufgewärmt.

Für dieses Rezept habe ich auf der Seite 82/83 ein Berechnungsbeispiel der Werte für eine Scheibe aufgeschrieben.

30. PIZZA

(13.02.2017)

400 g Tatar, kann natürlich auch Geflügel genutzt werden
1 Eigelb / 3 Eiweiß
125 g Magerquark / 15 g Eiweiß Neutral
¼ Pck. Backpulver
Sojasoße / Gemüsefond / Knoblauch / Erythrit
Tomatenmark scharf
4-5 Lauchzwiebel
1 Zwiebel klein schneiden
1 Zwiebel zu Zwiebelringen schneiden
Feldsalat / z.B. auch Pilze, Blumenkohl oder Brokkoli
Die 3 Eiweiße werden in einer Schüssel steif geschlagen.
In einer zweiten Schüssel das Eigelb, Magerquark, Eiweißpulver und Backpulver mit dem elektrischen Handmixer zu einem Teig verrühren. Das steife Eiweiß vorsichtig mit einem Esslöffel unterheben und in eine Auflaufform füllen. Bei 170 Grad Umluft für ca. 20 Minuten in den Ofen. Wenn sich der Teig fest anfühlt, ist er fertig. Ich lege immer die Hand drauf und fühle, wie fest er ist. Er sollte sich auch vom Rand der Silikonform lösen.
400 g Tatar mit Zwiebeln und Knoblauch in einer Pfanne mit Sojasoße und Gemüsefond krümelig braten. Hier nutze ich ab und zu zum Verfeinern etwas Auberginencreme oder Frischkäse 0,2 % Fett. Mit dem Tomatenmark, Erythrit und dem Knoblauch einen Dip anrühren. Es kann natürlich auch mein scharfer Knoblauchdip genutzt werden.
Den fertigen Pizzaboden vorsichtig an den Rändern etwas lösen und mit dem Dip bestreichen. Mit Feldsalat belegen. Alternativ auch Pilze und/oder Tomaten, je nach Geschmack.

Die fertige Hackpfanne, geschnittene Lauchzwiebel und Zwiebelringe werden noch auf der Pizza verteilt. Wie ihr eure Pizza belegen möchtet, ist ganz euch überlassen, solange ihr Gemüse nutzt, das auf der Liste der erlaubten Lebensmittel steht.
Ca. 10-15 Minuten in den Ofen.
In vier Teile schneiden, ergibt 4 Portionen/Mahlzeiten.
Inzwischen koche ich auch ganz gerne Blumenkohl oder Brokkoli vor und beleg meine Pizza noch zusätzlich mit diesem Gemüse. Dabei schneide ich die Röschen recht klein. Eurer Fantasie sind keine Grenzen gesetzt.

31. LETSCHO

(04.01.2017)

6 Tomaten
2 rote Zwiebel
2 gelbe Spitzpaprika
4 rote Spitzpaprika
250 g Hähncheninnenfilet
1-2 Gläser Gemüsefond
Sojasoße
Tomatenmark
Curry
Senf mit möglichst wenig Zucker
Salz
Pfeffer
Paprika

Paprika und Zwiebeln klein schneiden und in einem Topf mit Gemüsefond 10 Minuten kochen.
Die Tomaten begieße ich mit heißem Wasser, lasse sie kurz ziehen und pelle dann die Haut ab. Finde ich persönlich später in der Suppe angenehmer. Ist aber nicht zwingend erforderlich.
Die klein geschnittenen Tomaten dazugeben. Mit 1-2 Gläsern Gemüsefond auffüllen und unter großer Hitze kochen, bis die Tomaten zerkocht sind.
Die Innenfilets von der Mittelsehne befreien, klein schneiden, würzen und in der Pfanne mit Sojasoße und Gemüsefond anbraten. Mit Tomatenmark, Senf, Knoblauch usw. würzen. Alles in den Topf mit dem Gemüse geben.

Noch ca. 30 Minuten bei schwacher Hitze köcheln.
Kann später noch mit etwas Frischkäse verfeinert werden.
Rezept für 2 Portionen/Mahlzeiten.

32. KÄSECHIPS

(14.01.2017)

Harzer Roller
Salz
220 Grad Ober- Unter Hitze ca. 15 Minuten
Den Harzer Roller in ganz dünne Scheiben schneiden und auf einem Backblech mit Backpapier auslegen. Je dünner, desto knuspriger werden sie später. Ein Brotmesser eignet sich dazu besonders gut. Mir wurde auch gesagt, dass sich der Harzer Roller besser schneiden lässt, wenn er vorher eine Zeit im Gefrierfach gelegen hat. Habe ich jetzt aber noch nicht ausprobiert.
Im Ofen gehen die Scheiben auf und schlagen große Blasen. Die „Chips" von dem Backpapier entfernen/abziehen und die einzelnen Stücke noch einmal auf ein frisches Backpapier legen und zum Durchknuspern für ca. 5 Minuten in den Ofen schieben. Schaut immer mal nach und dreht bei Bedarf einzelne Chips noch einmal. Die fertigen Käsechips sind sehr schmackhaft. Ob ihr noch zusätzlich mit Salz nachwürzen möchtet, ist Geschmackssache.
Den Harzer Roller mag ich normal überhaupt nicht, aber in dieser Variante schmeckt er wirklich richtig gut. Er verbreitet beim Backen allerdings einen extrem starken Geruch, und mit extrem meine ich wirklich extrem☺. Also, unbedingt die Küchentür geschlossen halten und das Fenster weit öffnen. ☺

33. KNUSPERBÄRCHEN

(13.12.2020)

200 g Frischkäse 0,2 % Fett
3 Eier (1 Vollei, 2 Eiweiß)
40 g Flohsamenschalen
2 TL Backpulver
Würzen nach Geschmack, viel Salz, Pfeffer und Chili/Paprika
ca. 1 1/2 Stunden bei 150 Grad Umluft
Alle Zutaten mit dem elektrischen Handmixer in einer Schüssel zu einem Teig rühren. Durch die Flohsamenschalen wird der Teig sehr schnell fest und lässt sich dadurch leider immer schlechter verarbeiten. Ich stelle mir ein Glas kaltes Wasser dazu und befeuchte das Messer immer wieder, dann ist es etwas einfacher.
Der Teig muss nun in die Silikonformen, (ursprünglich für Gummibächen gedacht☺) jaaa, wie soll ich das nun formulieren… reingedrückt oder halb geschmiert werden. Schaut es euch am besten in dem Video an. Ist eine kleine Fleißarbeit, aber es lohnt sich meiner Meinung nach. Ich salze die Formen bevor und nachdem der Teig in die Form kommt. Jetzt für ca. 1 1/2 Stunden bei 150 Grad Umluft in den Ofen. Schaut zwischenzeitlich mal nach und drückt euch ein Bärchen raus, um festzustellen, ob sie schon durchgehärtet sind. Achtet darauf, dass sie nicht zu schwarz werden.

An der Luft trocknen sie noch etwas nach, dann würde ich sie allerdings in einer luftdichten Kaffeedose verwahren, damit sie auch noch länger knusprig bleiben.

Immer häufiger werde ich gefragt, wie ich die Portionen z. B. die einzelnen Gläschen vom Nachtisch berechne, wenn ich 6 Portionen abgefüllt habe. Ich möchte es euch an einem Beispiel erklären.

<u>Berechnung für den Sternchennachtisch:</u>
Zuerst gebe ich alle Zutaten, die berechnet werden müssen, in die APP ein, um die Gesamtwerte zu ermitteln. Ich nutze die FatSecret, aber es gibt unterschiedliche App`s, die sich dafür eignen.

Fett:	5,72 g
Kohlenhydrate:	7,51 g
Eiweiß:	44,03 g
Kalorien:	268

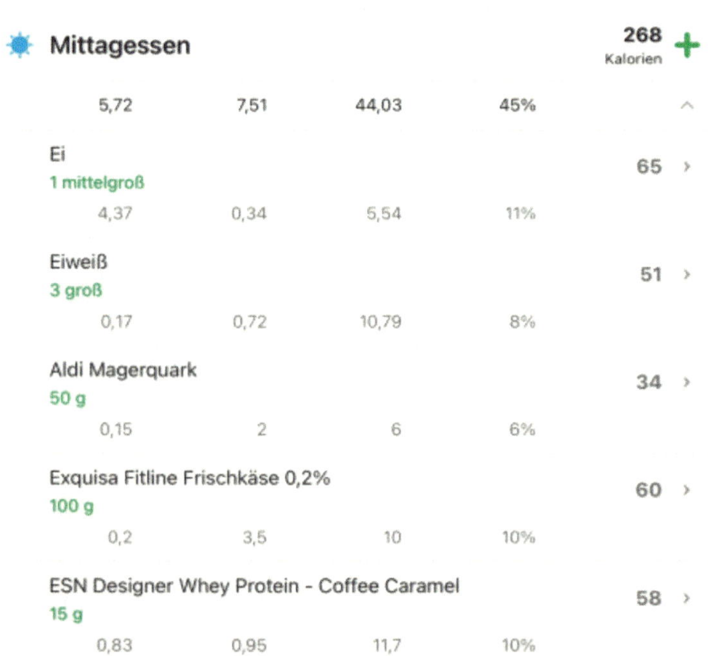

Mittagessen — 268 Kalorien

	5,72	7,51	44,03	45%	
Ei, 1 mittelgroß	4,37	0,34	5,54	11%	65
Eiweiß, 3 groß	0,17	0,72	10,79	8%	51
Aldi Magerquark, 50 g	0,15	2	6	6%	34
Exquisa Fitline Frischkäse 0,2%, 100 g	0,2	3,5	10	10%	60
ESN Designer Whey Protein - Coffee Caramel, 15 g	0,83	0,95	11,7	10%	58

Ich verteile mein Rezept auf 6 Gläser, also muss ich die Werte durch 6 teilen.

<u>Das bedeutet, ein Glas Sternchennachtisch hat:</u>

Fett:	0,95 g
Kohlenhydrate:	1,25 g
Eiweiß:	7,33 g
Kalorien:	44,66

Nun gebe ich in meiner APP ein neues Lebensmittel ein, ***2021Sternchennachtisch(6)*** und hinterlege die berechneten Werte. Die 6, damit ich auch später noch weiß, dass die Werte auf 6 Portionen berechnet sind. Die Jahreszahl setze ich davor, um meine Lebensmittel später beim Suchen besser wiederzufinden. ;-)

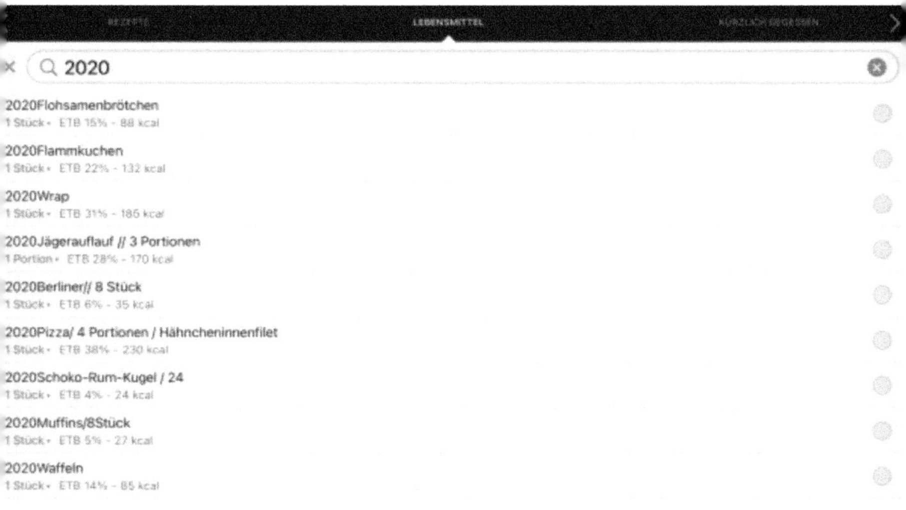

Ein weiteres Berechnungsbeispiel für den Hackbraten:

Auch hier werden zunächst alle Zutaten, die berechnet werden müssen, in die App eingegeben, um die Gesamtwerte zu ermitteln.

Fett: 28,5 g
Kohlenhydrate: 3,03 g
Eiweiß: 163,57 g
Kalorien: 924

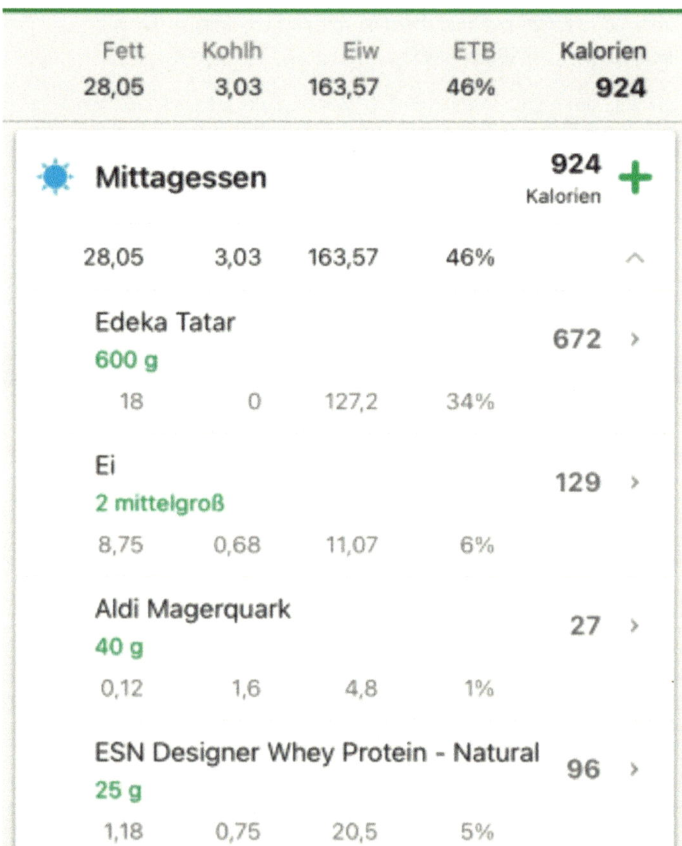

Ich habe aus meinem Hackbraten 12 Scheiben geschnitten, folglich muss ich nun alle Werte durch 12 teilen, um zu wissen, welche Werte eine Scheibe hat. ;-)

Eine Scheibe Hackbraten hat:

Fett:	2,37 g
Kohlenhydrate:	0,25 g
Eiweiß:	13,63 g
Kalorien:	77

Nun gebe ich in meine APP ein neues Lebensmittel ein, ***2021Hackbraten (12)*** und hinterlege die berechneten Werte. Die 12, damit ich auch später noch weiß, dass die Werte auf 12 Scheiben berechnet sind. Die Jahreszahl setze ich davor, um meine Lebensmittel später beim Suchen besser wiederzufinden. ;-)

Hier noch einige Informationen, die ich im Internet recherchiert habe:

HCG steht für die Abkürzung des Hormons humanes Choriongonadotropin und wird normalerweise während einer Schwangerschaft vom Körper produziert. Bei gleichzeitiger geringer Kalorienzufuhr soll das Hormon einen stärkeren Abbau von Fett- statt Muskelgewebe bewirken und so den Diäterfolg begünstigen.
Das Prinzip hinter der HCG-Diät: Dr. Simeons nahm an, dass der Botenstoff des HCG Hormons nicht nur den Fettstoffwechsel von Schwangeren anregen würde, sondern auch von Personen, die gerne abnehmen würden. Anders als bei normalen Diäten würde der Körper bei dieser Stoffwechselkur kein wertvolles Muskelgewebe abbauen, sondern gleich auf die Fettreserven zurückgreifen.
Heute werden während der Kur meist homöopathisch aufbereitete Globuli oder Tropfen genutzt, die in den Potenzen C12, C30, C60 eingenommen werden. Sie gehören zu den sogenannten Hochpotenzen, die nur noch die energetische Information des Hormons enthalten. Potenzierung:

1. Niedrigpotenzen (D6-D12), die Ausgangsarznei – das Hormon – ist noch stofflich nachweisbar.
2. Mittlere Potenzen(D13-D30), die Ausgangssubstanz hat wenig bis keine stofflichen Anteile

3. Hochpotenzen (ab D30 und höher (C,Q,LM)), Anteile der Ausgangssubstanz können weder chemisch noch stofflich nachgewiesen werden.

   Homöopathische HCG Globuli in der Potenzenmischung, wie ich sie nutze, sind hormonfrei, da sie zu den Hochpotenzen (C-Potenzen) gehören und in dieser Verdünnung keine Ausgangssubstanz (das HCG Hormon) mehr nachweisbar ist. Ihr solltet auf jeden Fall darauf achten, dass die Globuli oder Tropfen von seriösen Herstellern z. B. Apotheken hergestellt werden.

DIE SWK SETZT SICH AUS 4 UNTERSCHIED-LICHEN PHASEN ZUSAMMEN.

Phase 1: Ladephase

Das sogenannte Laden. An zwei aufeinanderfolgenden Tagen solltest du möglichst 4000 Kalorien zu dir nehmen, um deinen Stoffwechsel ordentlich in Gang zu bringen. Bitte achtet darauf, dass es auch gesunde Kalorien sind. Also keine 10 Tafeln Schokolade oder Alkohol ☺. Diese beiden Tage stehen in einem krassen Kontrast zu den folgenden Wochen. Wichtig ist auch, während der ersten Phase viel zu trinken. Ob ihr es jetzt glaubt oder nicht, ihr werdet froh sein, wenn diese beiden Tage vorbei sind. Zusätzlich werden die HCG-Globuli eingenommen. Sie brauchen zwei Tage, bis sie zu wirken beginnen. Wie oft und in welcher Dosierung sollte persönlich abgestimmt werden.

Phase 2: Diätphase

Das ist die längste Phase. Wie lange, entscheidet jeder für sich. Ich persönlich habe sie bei meiner ersten Kur 26 Wochen durchgeführt. Aktuell bin ich bei meiner zweiten Kur in der 23. Woche. Pro Tag sind zwischen 500 und 700 Kalorien erlaubt (dazu gibt es unterschiedliche Meinungen). Gemüse wird nicht mitgerechnet. Bei den beiden Eiweiß-Shakes am Morgen und Abend werden nur die Eiweißmengen in den Tagesbedarf gerechnet. Damit es nicht zu Mangelerscheinungen kommt, habe ich hochwertige und natürliche Vitalstoffe zu mir genommen. Für mich ein unbedingtes MUSS.

Phase 3: Stabilisierungsphase

Nun werden die HCG-Globuli nicht mehr eingenommen. Der Stoffwechsel soll sich in der Stabilisierungsphase langsam wieder normalisieren. Konkret bedeutet das: Nach und nach die Kalorienzahl steigern. Gesunde Fette dürfen jetzt wieder gegessen werden – und auch Kohlenhydrate können Schritt für Schritt wieder eingeführt werden. So ca. 100 Kilokalorien pro Tag könnte man als Richtwert nehmen. Wichtig ist nun das regelmäßige Wiegen (JUHU). Stabilisierung bedeutet, das Gewicht zu halten. Damit meine ich nicht nur keine Zunahme, sondern auch keine Abnahme mehr. Wie der Name schon sagt, das Gewicht soll sich stabilisieren. Wiege dich also weiterhin täglich, um dein Gewicht zu kontrollieren. Bei Abweichungen von einem Kilo solltest du sofort reagieren. Und deinen Essensplan anpassen, bedeutet: Kalorien / Fett / Kohlenhydrate runterfahren. Am nächsten Tag sollte sich das Gewicht normalisiert haben. Wichtig ist wirklich, direkt zu reagieren und nicht erst am nächsten oder übernächsten Tag, denn so wird es umso schwieriger zu dem Gewicht zurückzukehren. Die Stabilisierungsphase ist wichtig für den dauerhaften Erfolg deiner Abnahme, damit sich dein Körper auf das erreichte Gewicht einstellt. Ca. 3-4 Wochen sollte diese Phase sehr gewissenhaft durchführt werden.

Phase 4: Erhaltungsphase

Alle Lebensmittel sind wieder erlaubt. Du solltest aber lernen, auf deinen Körper zu hören. Kontrolliere dein Gewicht und überprüfe, wie dein Körper auf dein Essverhalten reagiert.

Und erarbeite dir, wie in meinem Buch „Mein JoJo Leben im Diätenwahn" beschrieben, ein Konzept bzw. deine ganz persönlichen Regeln, um nicht wieder in deinen alten Trott zu fallen und den JoJo Effekt zu verhindern.

Die HCG Stoffwechselkur wird in vielen unterschiedlichen Varianten durchgeführt. Du solltest selber entscheiden, welche für dich geeignet ist. Natürlich gibt es auch unterschiedliche Listen der „erlaubten" Lebensmittel. Ich zeige dir die Liste, an die ich mich während meiner Stoffwechselkur gehalten habe.

Gemüse:

Artischocken, Aubergine, Blumenkohl, grüne junge Bohnen, Brokkoli, Fenchel, Grünkohl, Salatgurke, Knollensellerie, Kohlrabi, Lauch, Mangold, Paprika, Pilze, Radieschen, Romanesco, Rosenkohl, Rotkohl, Spargel, Spinat, Staudensellerie, Tomate, Weißkohl, Wirsing, Zucchini, Zwiebeln.

Salate:

Batavia Salat, Chicorée, Chinakohl, Eichenblattsalat, Eisbergsalat, Endivien, Feldsalat, Kopfsalat, Lollo Bionda/Lollo Rosso, Radicchio, Römersalat, Rucola.

Obst:

2 kleine Portionen am Tag erlaubt, müssen aber angerechnet werden.

Brombeeren, Erdbeeren, Heidelbeeren, Johannisbeeren.

Bitte nur selten und in kleinen Mengen. Äpfel, Aprikosen, Birnen, Grapefruit, Kiwi, Orangen, Pfirsiche.

Milchprodukte:
Magerquark, Skyr naturell, Hüttenkäse und Frischkäse wenig Fett, wenig Zucker, Harzer Roller, Protinella, Skyrella. Bitte nur sehr selten nutzen: Magermilch (für den Kaffee), Mandelmilch, Sojamilch. Mit wenig Fett z. B. 0,1 und wenig bzw. kein Zucker.

Fleisch:
Hähnchenbrust/filet, Putenbrust/filet, mageres Rinderfleisch/filet, Rinderhack/Tatar, Roastbeef, extra mager gekochter/roher Schinken, Kalbsfleisch, selten Schweinefilet.

Fisch:
Garnelen, Scampi, Krabben, Barsch, Dorade, Flunder, Hecht, Heilbutt, Hummer, Kabeljau, Muscheln, Seezunge, Thunfisch, Thunfisch in der Dose nur im eigenen Saft, Tintenfischringe, Wildlachs.

Proteinquellen:
Ei möglichst aus biologischer/Freilandhaltung, Tofu

Getränke:
Wasser, Kräutertee, schwarzer Tee, Ingwertee, Chai, Rooibostee, Kaffee

Ihr müsst die Stoffwechselkur „leben“ und „genießen“. ☺ SO sieht bei mir ein kurkonformer typischer Sonntagabend mit dem Tatort aus: ☺ Knusperstangen Marzipan, Knusperstangen Schoko-Rum, Käsekuchenmuffins mit Puderzucker (Erythrit gemahlen), Marmeladendip, salzige Knusperbärchen und noch mein Betthupferl zu späterer Stunde. Mir fehlt es an nichts…

So meine lieben Stoffelchen, nun habt ihr tolle, einfache und leckere Rezepte und jetzt sollte eurem Weg in ein neues, schlankes Leben nichts mehr im Wege stehen.

Demnächst gibt es „Dein HCG Tagebuch". Darin kannst du deine HCG Stoffwechselkur über 25 Wochen täglich dokumentieren und deine Erfolge aufschreiben. Platz für deine persönlichen Notizen und ein bisschen Motivation von mir gibt es auch noch dazu. ;-)
Beginne deine „Ausbildung" zum Stoffelchen und schließe deine „Lehre" erfolgreich ab.
Übrigens, wer es noch nicht weiß, das Wort „**Stoffelchen**" habe ich ins Leben gerufen. Leitet sich von **Stoff**wechselkur ab. Jeder, der sich in der **Stoff**wechselkur befindet, ist ein **Stoffelchen.** ;-)

Macht euren Traum zu einem Ziel mit Datum!

ALLES IST MÖGLICH

Tribus Buch & Kunstverlag präsentiert:

Mein Jojo Leben im Diätenwahn

Alles ist möglich! In meinem Buch beschreibe ich nicht deine Lösung für deinen Weg zur Traumfigur. Dadurch würde mein Buch nur auf einem weiteren Stapel unnützer Diät-Bücher landen.

- Wieder ein neues Buch.
- Wieder eine neue Diät.
- Wieder ein neues Versprechen.
- Wieder nichts gebracht.

Es ist lediglich der Weg aus meinem Jojo Leben in meinem Diätenwahn. Ob es auch dein Weg sein kann oder wird, das musst du selbst entscheiden. Ich möchte dich motivieren und dir zeigen, dass du nicht alleine bist.